Impressum
Verlag: BABADADA GmbH, Nedderfeld 112 , 22529 Hamburg
Geschäftsführer / Verlagsleitung: Harald Hof
Druck: Books on Demand GmbH, In de Tarpen 42, 22848 Norderstedt

Imprint
Publisher: BABADADA GmbH, Nedderfeld 112 , 22529 Hamburg, Germany
Managing Director / Publishing direction: Harald Hof
Print: Books on Demand GmbH, In de Tarpen 42, 22848 Norderstedt

школа
school

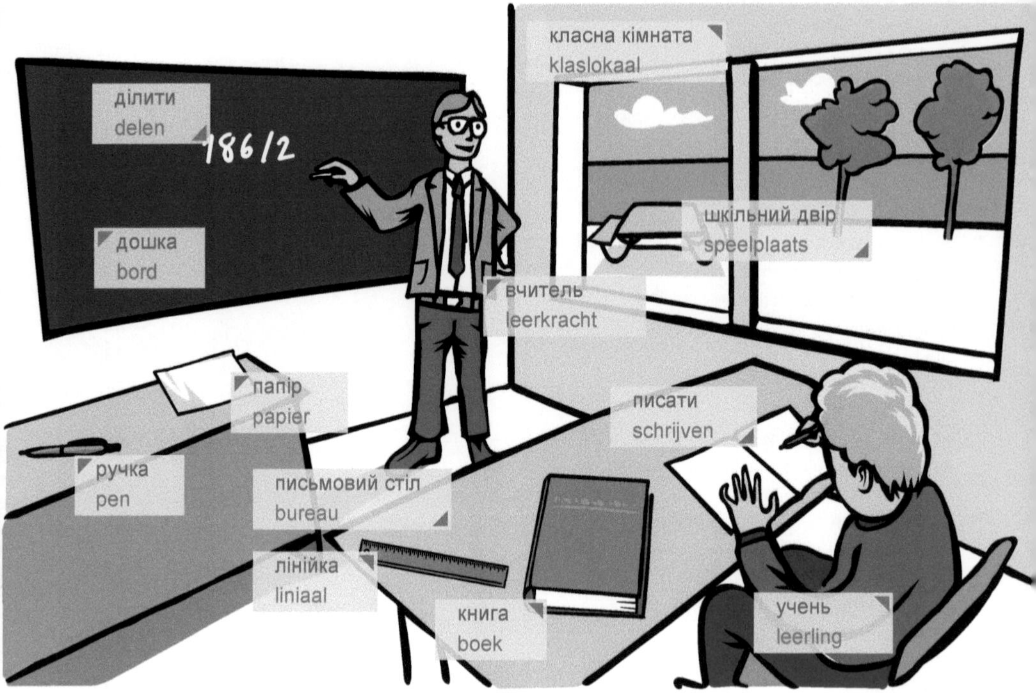

186/2
ділити
delen
класна кімната
klaslokaal
дошка
bord
шкільний двір
speelplaats
вчитель
leerkracht
папір
papier
писати
schrijven
ручка
pen
письмовий стіл
bureau
лінійка
liniaal
книга
boek
учень
leerling

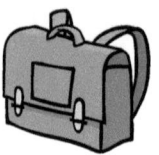

ранець
schooltas

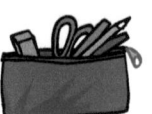

пенал
pennenzak

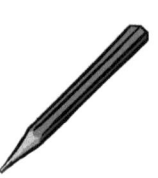

олівець
potlood

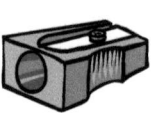

точило
puntenslijper

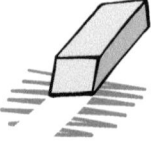

гумка
gom

альбом для малювання
tekenblok

малюнок

tekening

пензель

verfborstel

коробка фарб

verfdoos

ножиці

schaar

клей

lijm

зошит

werkboek

домашнє завдання

huiswerk

12

число

nummer

2+2

додавати

optellen

5-2

віднімати

aftrekken

2×2

множити

vermenigvuldigen

рахувати

rekenen

A

літера

letter

ABCDEFG
HIJKLMN
OPQRSTU
VWXYZ

абетка

alfabet

hello

слово

woord

текст

tekst

читати

Lezen

крейда

krijt

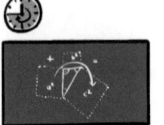

година

les

класний журнал

klassenboek

екзамен

examen

диплом

certificaat

шкільна форма

schooluniform

освіта

onderwijs

лексикон

encyclopedie

університет

universiteit

мікроскоп

microscoop

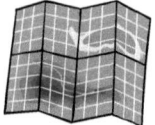

карта

kaart

кошик для паперу

papiermand

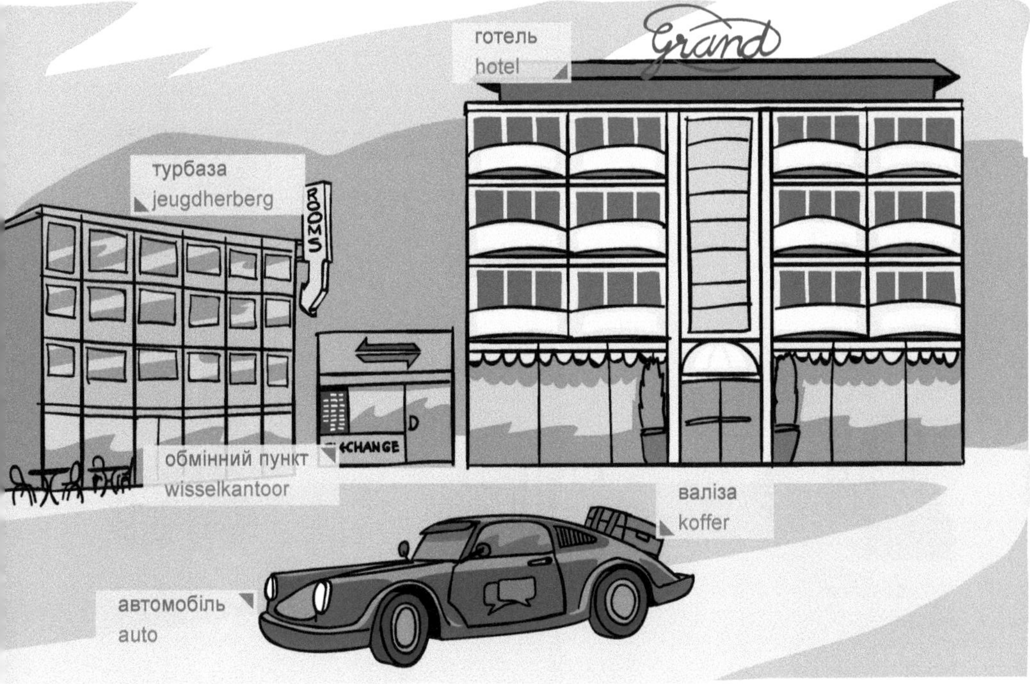

готель
hotel
Grand
турбаза
jeugdherberg
ROOMS
обмінний пункт
wisselkantoor
валіза
koffer
автомобіль
auto

мова

Taal

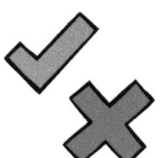

так / ні

ja / nee

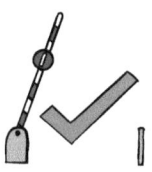

добре

oké

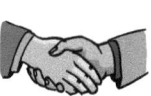

привіт

hallo

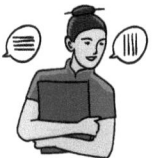

перекладач

vertaler

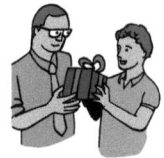

дякую

bedankt

Скільки коштує ...?

Hoeveel kost ...?

Я не розумію

Ik begrijp het niet

проблема

probleem

Добрий вечір!

Goedenavond!

Доброго ранку!

Goedemorgen!

На добраніч!

Goedenavond!

До побачення

Tot ziens

напрямок

richting

багаж

bagage

сумка

zak

рюкзак

rugzak

гість

gast

кімната

kamer

спальний мішок

slaapzak

намет

tent

туристична інформація

toeristeninformatie

пляж

strand

кредитна картка

kredietkaart

сніданок

ontbijt

обід

lunch

вечеря

avondeten

квиток

ticket

ліфт

lift

поштова марка

postzegel

межа

grens

митниця

douane

посольство

ambassade

віза

visum

паспорт

paspoort

транспорт

transport

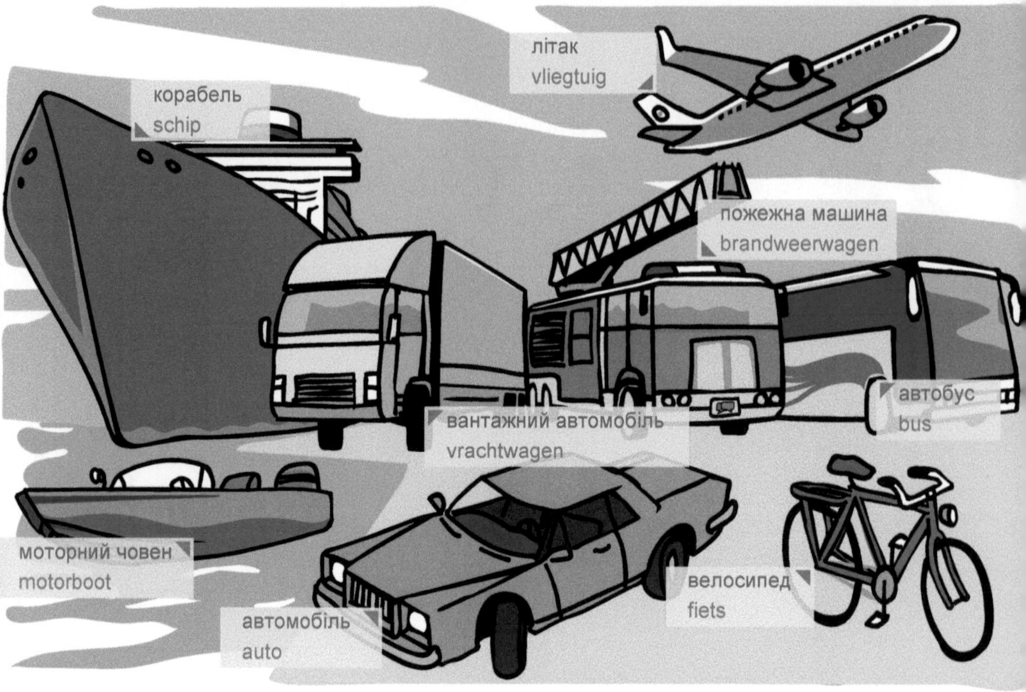
літак
vliegtuig
корабель
schip
пожежна машина
brandweerwagen
автобус
bus
вантажний автомобіль
vrachtwagen
моторний човен
motorboot
велосипед
fiets
автомобіль
auto

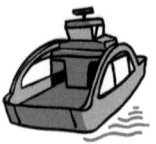

пором

veerboot

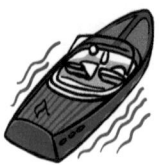

човен

boot

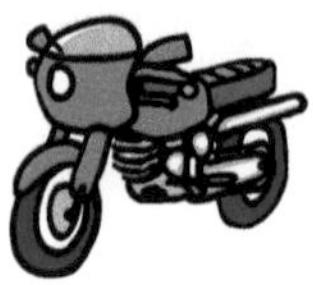

мотоцикл

motor

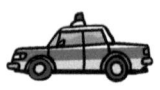

поліцейська машина

politiewagen

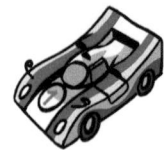

гоночний автомобіль

racewagen

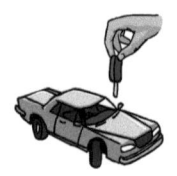

автомобіль на прокат

huurauto

спільне користування авто

carpoolen

евакуатор

sleepwagen

сміттєвоз

vuilniswagen

двигун

motor

паливо

benzine

автозаправна станція

benzinestation

дорожній знак

verkeersbord

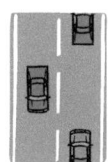

рух

verkeer

затор

file

стоянка

parkeerplaats

вокзал

station

рейки

sporen

потяг

trein

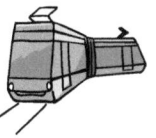

трамвай

tram

вагон

wagon

гелікоптер

helikopter

аеропорт

luchthaven

вежа

toren

пасажир

passagier

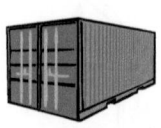

контейнер

container

коробка

karton

візок

kar

кошик

mand

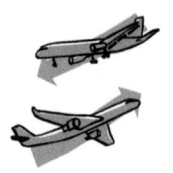

стартувати / приземлятися

opstijgen / landen

місто

stad

село

dorp

центр міста

stadscentrum

дім

huis

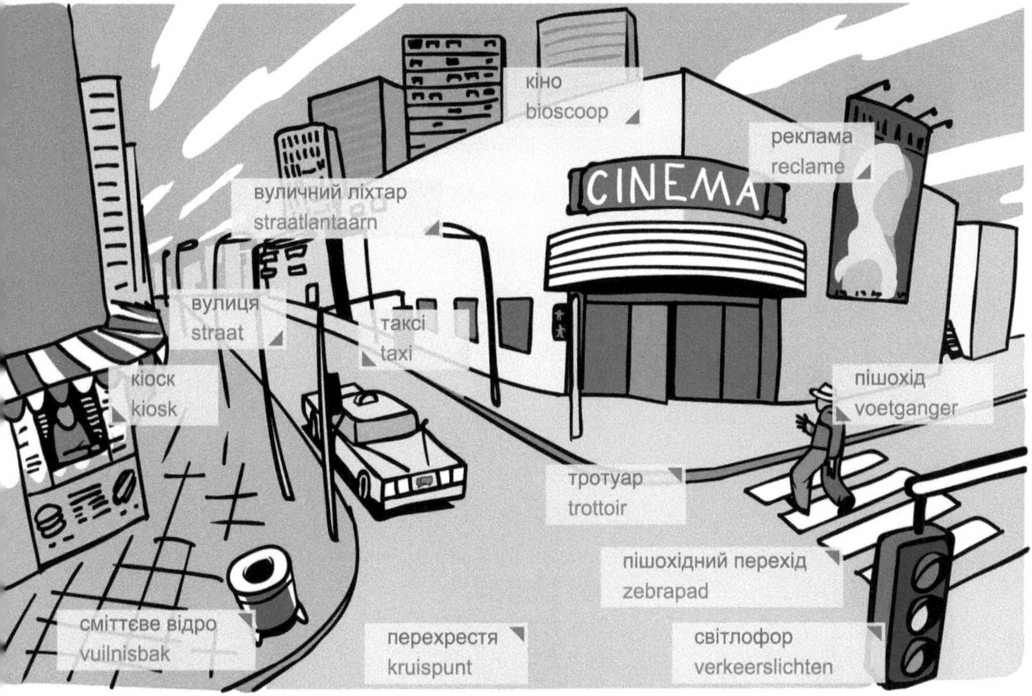

кіно
bioscoop
реклама
reclame
CINEMA
вуличний ліхтар
straatlantaarn
вулиця
straat
таксі
taxi
кіоск
kiosk
пішохід
voetganger
тротуар
trottoir
пішохідний перехід
zebrapad
сміттєве відро
vuilnisbak
перехрестя
kruispunt
світлофор
verkeerslichten

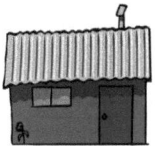

хатина

hut

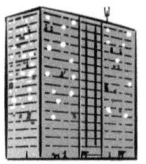

квартира

woning

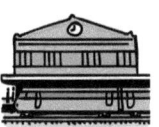

вокзал

station

ратуша

stadshuis

MUSEUM

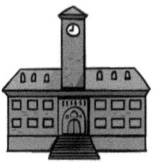

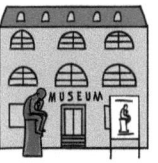

музей

museum

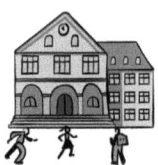

школа

school

університет

universiteit

банк

bank

лікарня

ziekenhuis

готель

hotel

аптека

apotheek

офіс

kantoor

книжковий магазин

boekwinkel

магазин

winkel

квітковий магазин

bloemenwinkel

супермаркет

supermarkt

ринок

markt

універмаг

warenhuis

торговець рибою

vishandelaar

торговельний центр

winkelcentrum

гавань

haven

парк
park

лава
bank

міст
brug

сходи
trap

метро
metro

тунель
tunnel

автобусна зупинка
bushalte

бар
bar

ресторан
restaurant

поштова скринька
brievenbus

вулична табличка
straatnaambord

лічильник паркування
parkeermeter

зоопарк
zoo

басейн
zwembad

мечеть
moskee

ферма

boerderij

**забруднення
навколишнього
середовища**

milieuverontreiniging

кладовище

kerkhof

церква

kerk

дитячий майданчик

speelplaats

храм

tempel

ландшафт

landschap

листок
blad

вказівний стовп
wegwijzer

шлях
weg

луг
weide

камінь
steen

дерево
boom

мандрівник
wandelaar

річка
rivier

трава
gras

квітка
bloem

долина

vallei

гора

heuvel

озеро

meer

ліс

bos

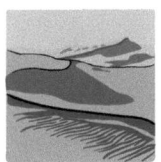

пустеля

woestijn

вулкан

vulkaan

замок

kasteel

веселка

regenboog

гриб

paddenstoel

пальма

palmboom

комар

mug

муха

vlieg

мурашка

mier

бджола

bijl

павук

spin

жук

kever

жаба

kikker

вивірка

eekhoorn

їжак

egel

заєць

haas

сова

uil

птах

vogel

лебідь

zwaan

кабан

wild zwijn

олень

hert

лось

eland

гребля

dam

вітряк

windturbine

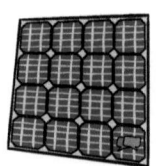

сонячний модуль

zonnepaneel

клімат

klimaat

ресторан
restaurant

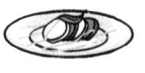

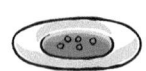

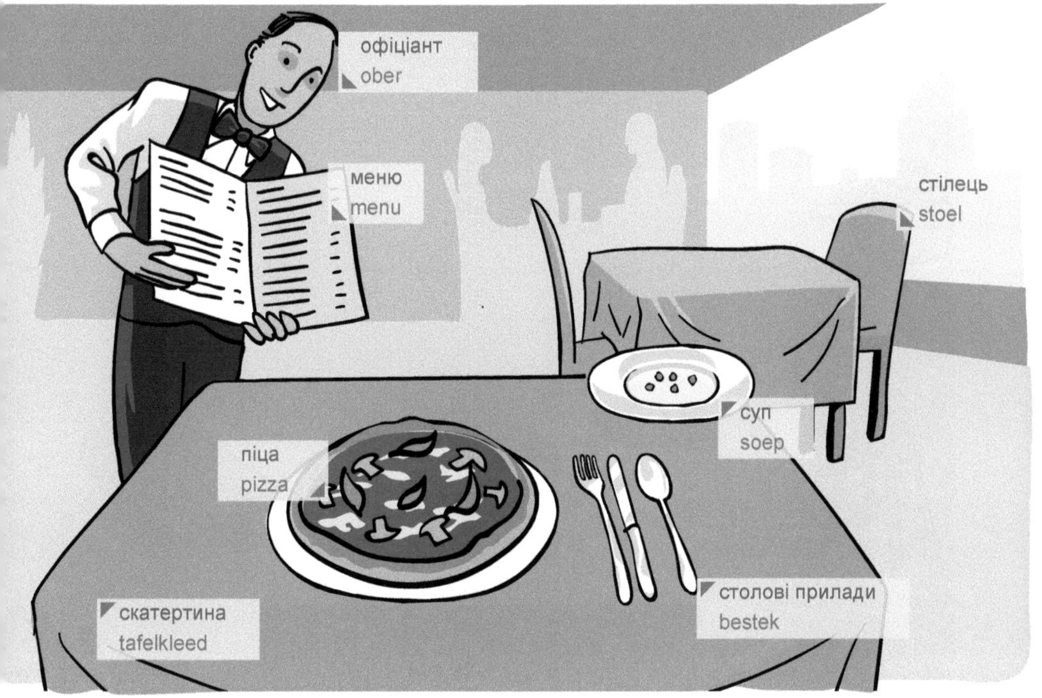
офіціант
ober
меню
menu
стілець
stoel
суп
soep
піца
pizza
скатертина
tafelkleed
столові прилади
bestek

закуска
voorgerecht

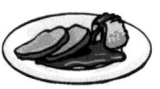

друга страва
hoofdgerecht

десерт
nagerecht

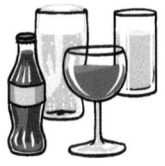

напої
drankjes

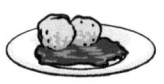

їжа
eten

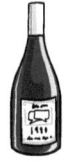

пляшка
fles

фаст-фуд

fastfood

вулична їжа

street food

чайник

theepot

цукорниця

suikerpot

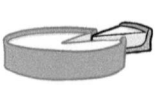

порція

portie

еспресо-машина

espressomachine

високий стільчик

kinderstoel

рахунок

rekening

піднос

dienblad

ніж

mes

вилка

vork

ложка

lepel

чайна ложка

theelepel

серветка

serviette

склянка

glas

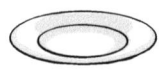

тарілка

bord

тарілка для супу

soepbord

блюдце

schoteltje

соус

saus

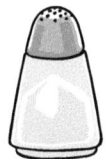

солонка

zoutvatje

млин для перцю

pepermolen

оцет

azijn

масло

olie

спеції

kruiden

кетчуп

ketchup

гірчиця

mosterd

майонез

mayonaise

супермаркет
supermarkt

пропозиція
aanbieding
FOR
клієнт
klant
молочні продукти
zuivelproducten
фрукти
fruit
візок для покупок
winkelwagen

BUTCHERS

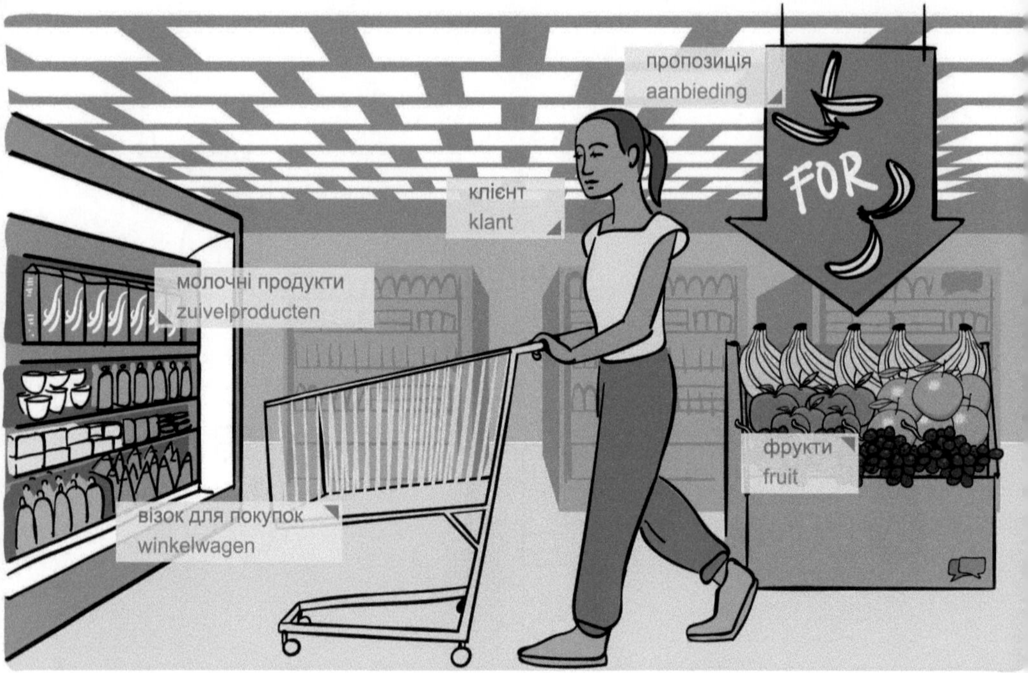

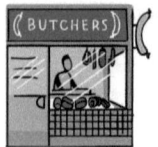

м'ясний магазин

slagerij

BAKERY

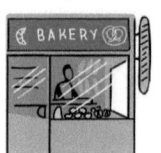

пекарня

bakkerij

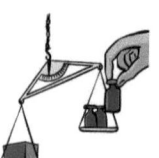

зважувати

wegen

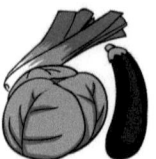

овочі

groenten

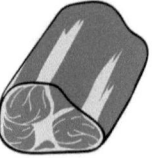

м'ясо

vlees

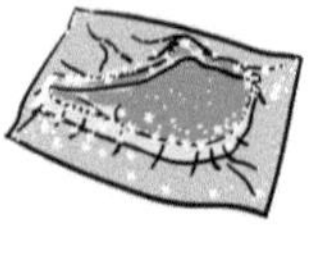

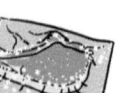

заморожені продукти

diepvriesvoedsel

ковбасна нарізка

charcuterie

консерви

conserven

пральний порошок

waspoeder

солодощі

snoep

предмети домашнього побуту

huishoudproducten

мийний засіб

schoonmaakproducten

продавщиця

verkoopster

каса

kassa

касир

kassier

список покупок

boodschappenlijstje

часи роботи

openingstijden

гаманець

portefeuille

кредитна картка

kredietkaart

сумка

tas

поліетиленовий пакет

plastieken zakje

вода

water

сік

sap

молоко

melk

кола

cola

вино

wijn

пиво

bier

алкоголь

alcohol

какао

cacao

чай

thee

кава

koffie

еспресо

espresso

капучіно

cappuccino

банан

banaan

яблуко

appel

апельсин

sinaasappel

кавун

meloen

лимон

citroen

морква

wortel

часник

knoflook

бамбук

bamboe

цибуля

ajuin

гриб

champignon

горішки

noten

локшина

noodles

спагеті

spaghetti

рис

rijst

салат

salade

картопля фрі

frieten

смажена картопля

gebakken aardappelen

піца

pizza

гамбургер

hamburger

бутерброд

sandwich

шніцель

kalfslapje

шинка

ham

салямі

salami

ковбаса

worst

курка

kip

печеня

braden

риба

vis

вівсяні пластівці

havervlokken

мюслі

muesli

кукурудзяні пластівці

cornflakes

борошно

bloem

круасан

croissant

булочка

pistolet

хліб

brood

тостовий хліб

toast

печиво

koekjes

масло

boter

сир

kwark

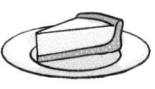

пиріг

taart

яйце

ei

яєчня

spiegelei

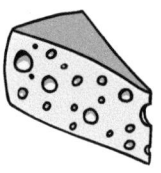

сир

kaas

морозиво

ijs

цукор

suiker

мед

honing

мармелад

confituur

нуга-крем

choco

карі

curry

ферма
boerderij

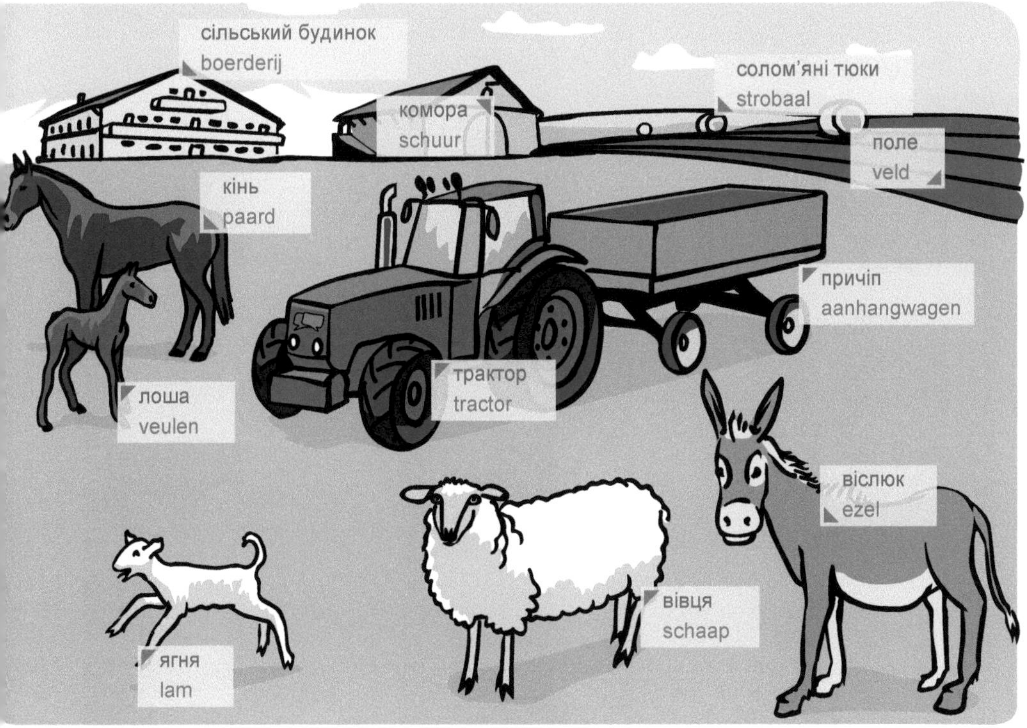

сільський будинок
boerderij
комора
schuur
солом'яні тюки
strobaal
поле
veld
кінь
paard
причіп
aanhangwagen
трактор
tractor
лоша
veulen
віслюк
ezel
вівця
schaap
ягня
lam

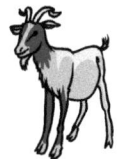

коза

geit

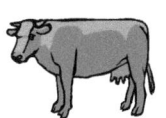

корова

koe

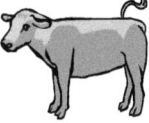

теля

kalf

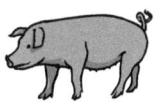

свиня

varken

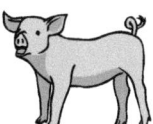

порося

biggetje

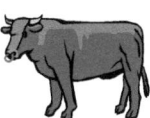

бик

stier

гусак

gans

качка

eend

курча

kuiken

курка

kip

півень

haan

щур

rat

кіт

kat

миша

muis

віл

os

собака

hond

собача будка

hondenhok

садовий шланг

tuinslang

лійка

gieter

коса

zeis

плуг

ploeg

ферма - boerderij

серп
sikkel

мотика
schoffel

вила
hooivork

сокира
bijl

тачка
kruiwagen

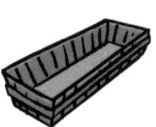

корито
trog

бідон молока
melkkan

мішок
zak

паркан
hek

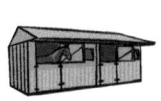

хлів
stal

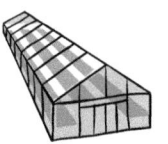

теплиця
broeikas

ґрунт
bodem

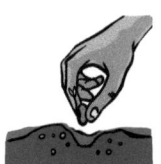

насіння
zaad

добриво
mest

комбайн
maaidorser

пожинати

oogsten

урожай

oogst

корінь ямсу

yam

пшениця

tarwe

соя

soja

картопля

aardappel

кукурудза

maïs

ріпак

koolzaad

плодове дерево

fruitboom

маніок

maniok

злаки

graan

дім

huis

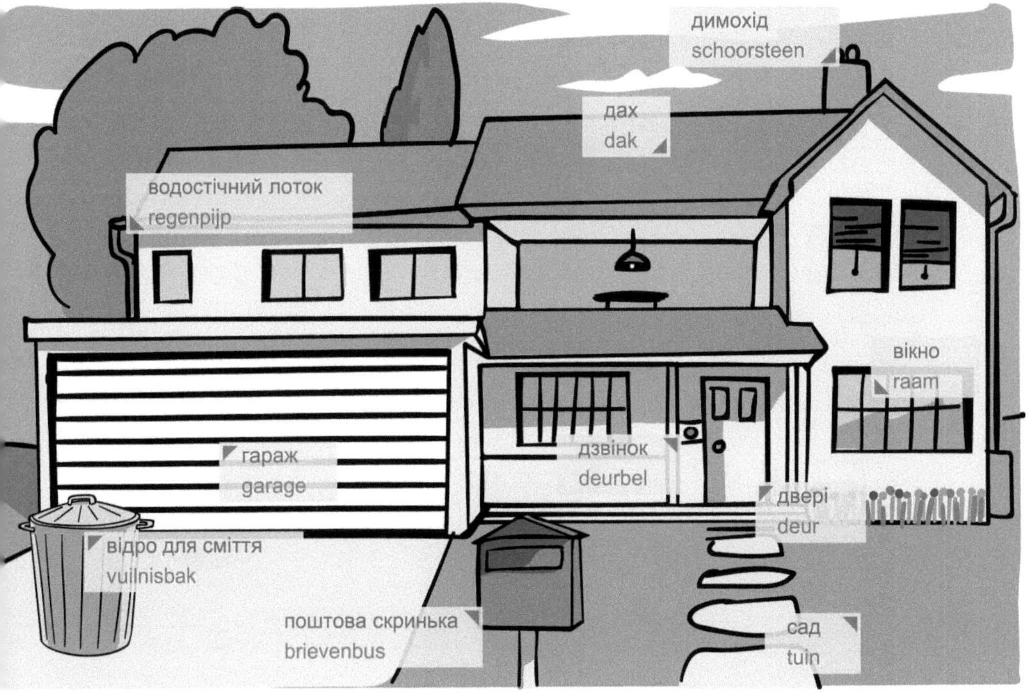

димохід
schoorsteen
дах
dak
водостічний лоток
regenpijp
вікно
raam
гараж
garage
дзвінок
deurbel
двері
deur
відро для сміття
vuilnisbak
поштова скринька
brievenbus
сад
tuin

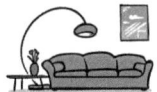

вітальня
woonkamer

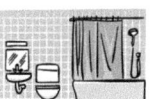

ванна кімната
badkamer

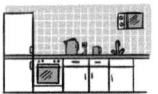

кухня
keuken

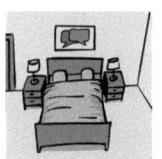

спальня
slaapkamer

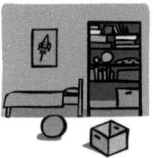

дитяча кімната
kinderkamer

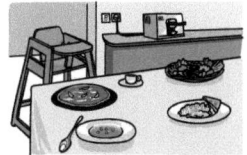

їдальня
eetkamer

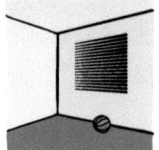

підлога

vloer

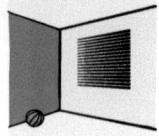

стіна

muur

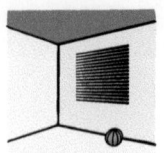

стеля

plafond

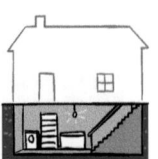

підвал

kelder

сауна

sauna

балкон

balkon

тераса

terras

басейн

zwembad

косарка

grasmaaier

простирало

dekbedovertrek

ковдра

dekbed

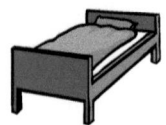

ліжко

bed

мітла

bezem

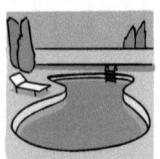

відро

emmer

перемикач

schakelaar

вітальня
woonkamer

шпалери
behangpapier
малюнок
foto
лампа
lamp
поличка
schap
шафа
kast
телевізор
televisie
камін
open haard
квітка
bloem
подушка
kussen
диван
sofa
ваза
vaas
пульт
afstandsbediening

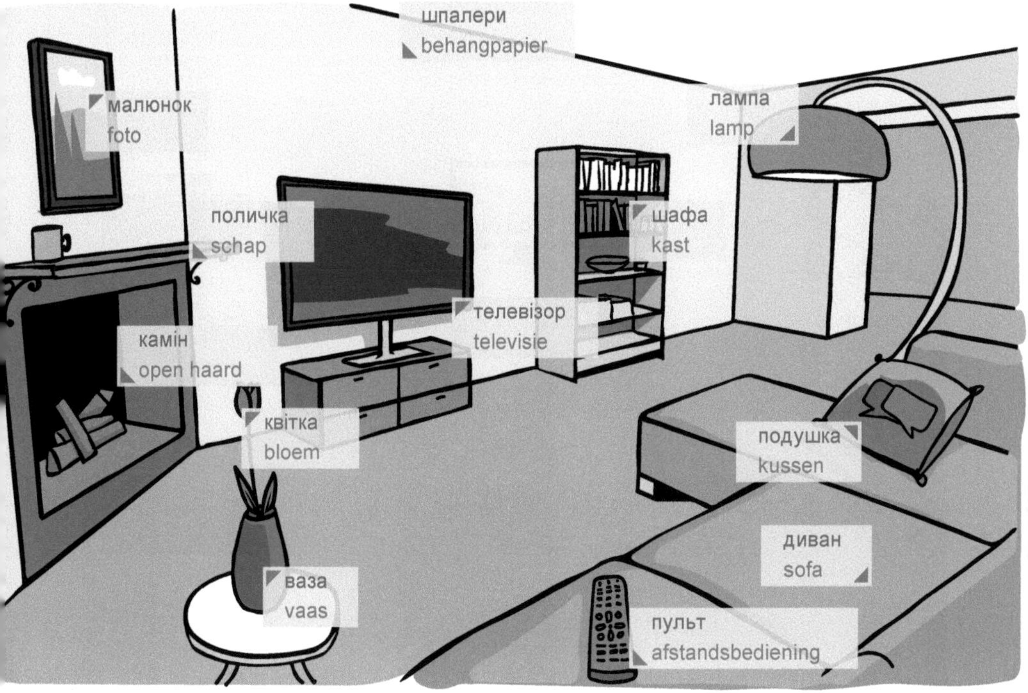

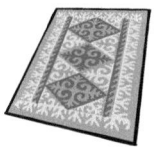

килим
mat

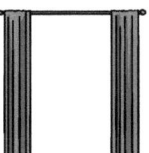

завіса
gordijn

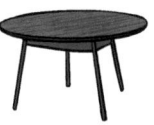

стіл
tafel

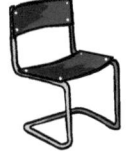

стілець
stoel

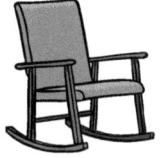

крісло-гойдалка
schommelstoel

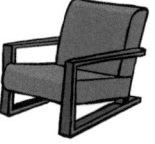

крісло
fauteuil

книга

boek

ковдра

deken

прикраса

decoratie

дрова

brandhout

фільм

film

стереосистема

stereo-installatie

ключ

sleutel

газета

krant

картина

schilderij

плакат

poster

радіо

radio

блокнот

notitieboekje

пилосос

stofzuiger

кактус

cactus

свічка

kaars

кухня
keuken

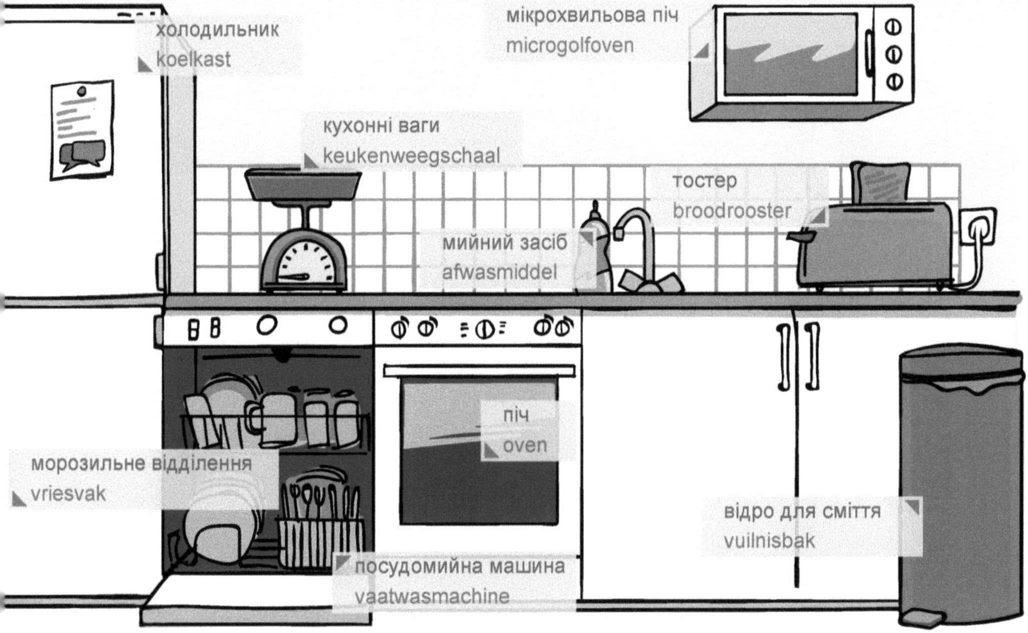
холодильник
koelkast
мікрохвильова піч
microgolfoven
кухонні ваги
keukenweegschaal
тостер
broodrooster
мийний засіб
afwasmiddel
піч
oven
морозильне відділення
vriesvak
відро для сміття
vuilnisbak
посудомийна машина
vaatwasmachine

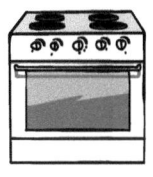

плита
fornuis

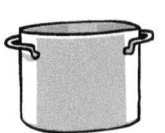

горщик
pot

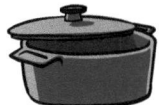

чавунний горщик
gietijzeren pot

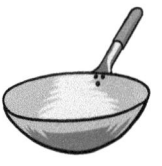

вок / кадай
wok / kadai

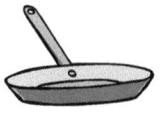

сковорода
pan

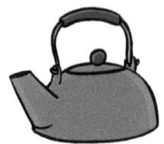

чайник
waterkoker

пароварка

stoomkoker

лист

bakplaat

посуд

servies

кухоль

mok

чаша

kom

палички для їжі

eetstokjes

черпак

pollepel

лопатка

spatel

вінчик для збивання

garde

сито

vergiet

сито

zeef

терка

rasp

ступка

mortier

барбекю

barbecue

багаття

haardvuur

кухня - keuken

дошка

snijplank

качалка

deegrol

штопор

kurkentrekker

конзерва

blik

відкривачка

blikopener

прихватки

pannenlap

раковина

gootsteen

щітка

borstel

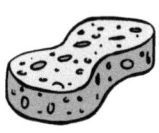

губка

spons

міксер

blender

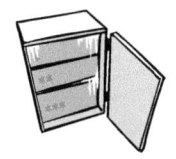

морозильна камера

vriezer

дитяча пляшка

papfles

кран

kraan

ванна кімната

badkamer

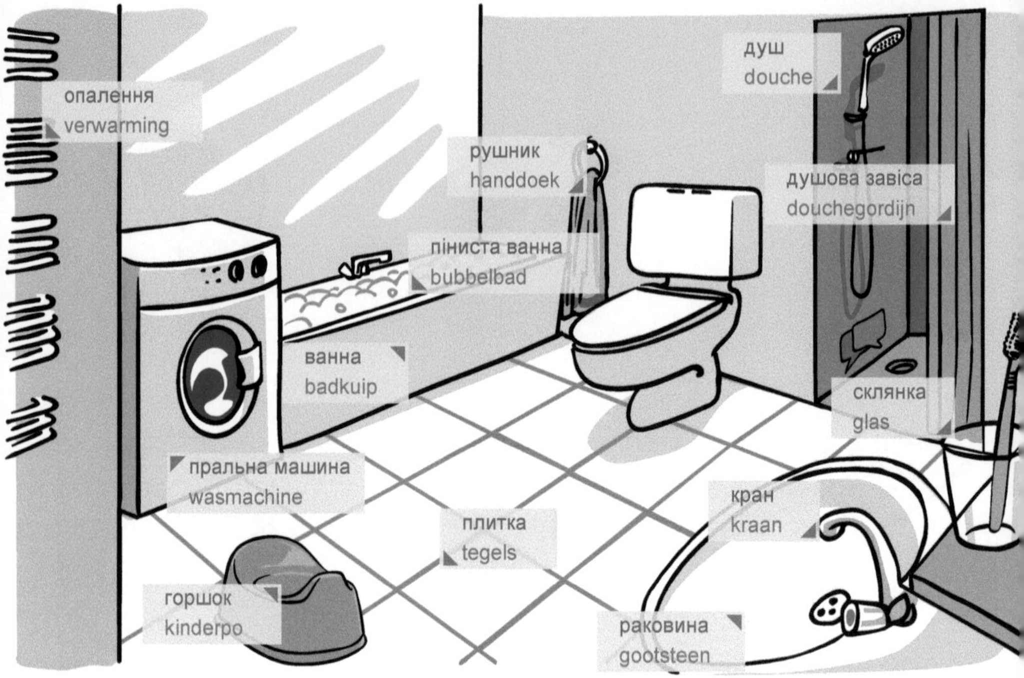

опалення
verwarming
рушник
handdoek
душ
douche
душова завіса
douchegordijn
пiниста ванна
bubbelbad
ванна
badkuip
склянка
glas
пральна машина
wasmachine
кран
kraan
плитка
tegels
горшок
kinderpo
раковина
gootsteen

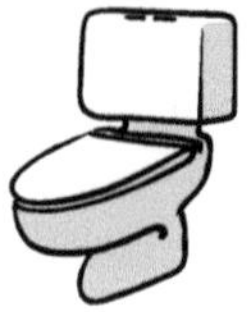

туалет

toilet

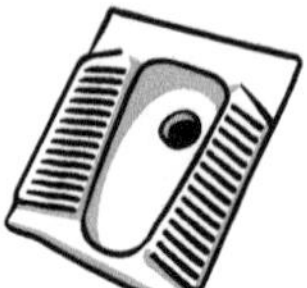

підлоговий туалет

hurktoilet

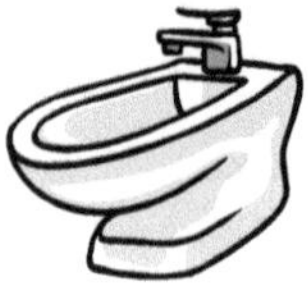

біде

bidet

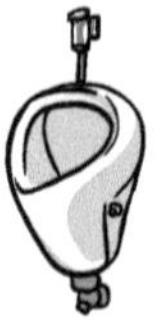

пісуар

urinoir

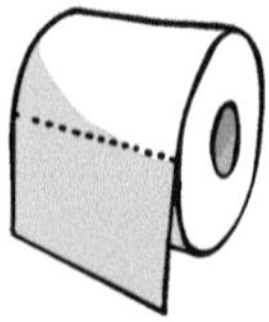

туалетний папір

toiletpapier

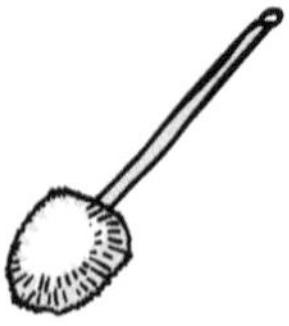

щітка для туалету

toiletborstel

зубна щітка

tandenborstel

зубна паста

tandpasta

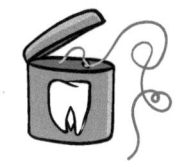

нитка для чищення зубів

flosdraad

мити

wassen

ручний душ

handdouche

інтимний душ

bidethanddouche

таз

waskom

щітка для спини

rugborstel

мило

zeep

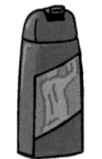

гель для душу

douchegel

шампунь

shampoo

мочалка

washandje

водостік

afvoer

крем

crème

дезодорант

deodorant

дзеркало

spiegel

косметичне дзеркало

handspiegel

бритва

scheermes

піна для гоління

scheerschuim

лосьйон після гоління

aftershave

гребінь

kam

щітка

borstel

фен

haardroger

лак для волосся

haarlak

косметика

make-up

губна помада

lippenstift

лак для нігтів

nagellak

вата

watten

ножиці для нігтів

nagelknipper

парфум

parfum

косметичка

toilettas

табурет

kruk

ваги

weegschaal

халат

badjas

гумові рукавички

latex handschoenen

тампон

tampon

гігієнічні прокладки

maandverband

біотуалет

chemisch toilet

дитяча кімната
kinderkamer

будильник
wekker
м'яка іграшка
knuffel
іграшковий автомобіль
speelgoedauto
брязкальце
rammelaar
ляльковий будиночок
poppenhuis
подарунок
geschenk

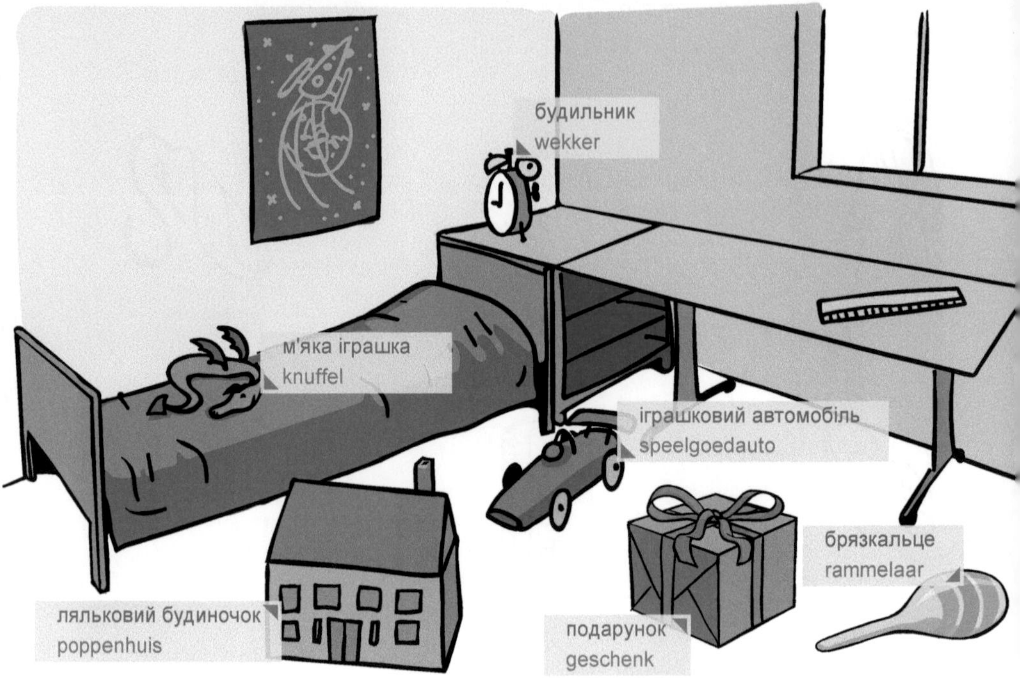

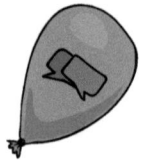

повітряна кулька

ballon

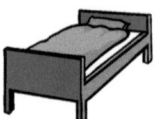

ліжко

bed

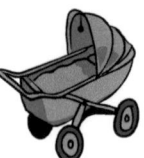

дитячий візок

kinderwagen

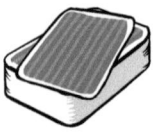

картярська гра

spel kaarten

пазл

puzzel

SUPER
MEGA

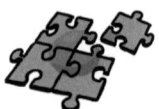

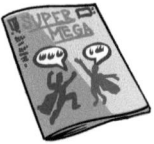

комікс

stripboek

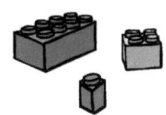

лего цеглинки

legoblokjes

блоки

blokken

іграшкова фігурка

actiefiguur

повзунки

kruippakje

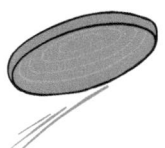

фризбі

frisbee

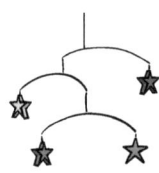

мобіле

mobiel

настільна гра

bordspel

кубик

dobbelsteen

модель залізнична станція

modelspoorweg

соска

fopspeen

вечірка

feest

книжка з картинками

prentenboek

м'яч

bal

лялька

pop

грати

spelen

пісочниця

zandbak

гойдалка

schommel

іграшка

speelgoed

гральна консоль

spelconsole

триколісний велосипед

driewieler

плюшевий мішка

knuffelbeer

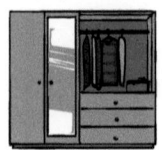

шафа

kleerkast

одяг

kleding

шкарпетки

sokken

панчохи

kousen

колготки

maillot

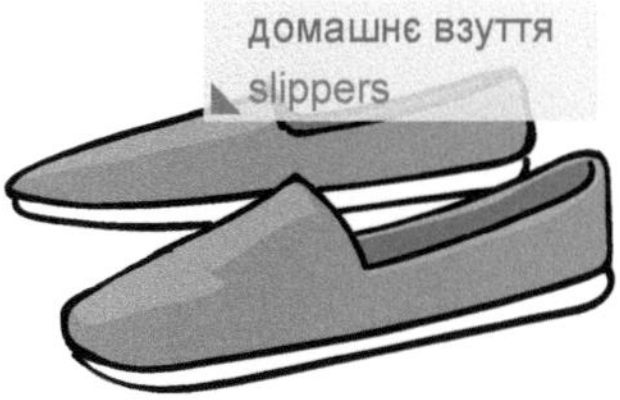

шарф
sjaal

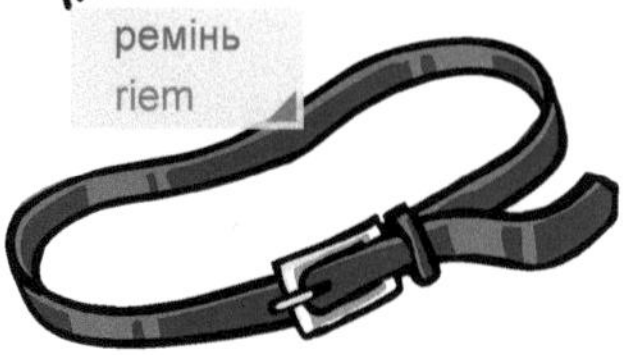

ремінь
riem

парасоля
paraplu

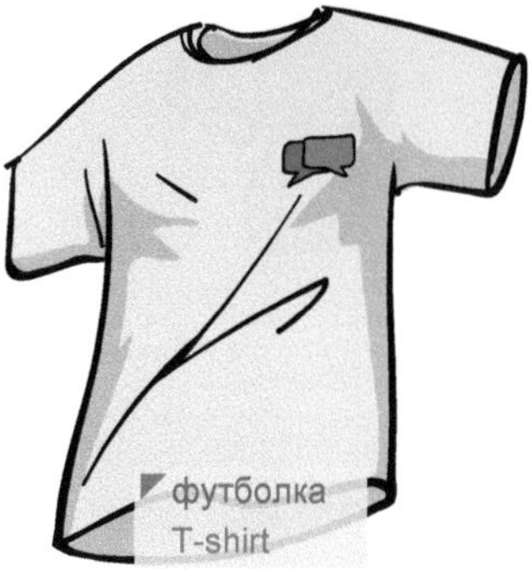

футболка
T-shirt

чоботи
laarzen

домашнє взуття
slippers

кросівки
sneakers

сандалі
....
sandalen

взуття
....
schoenen

гумові чоботи
....
rubberlaarzen

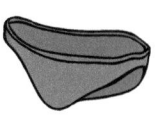

труси
....
onderbroek

бюстгальтер
....
beha

нижня сорочка
....
onderhemd

боді

lichaam

штани

broek

джинси

jeans

спідниця

rok

блузка

blouse

сорочка

hemd

пуловер

trui

светр

capuchontrui

піджак

blazer

куртка

jas

пальто

jas

дощовик

regenjas

костюм

kostuum

сукня

jurk

весільна сукня

trouwjurk

костюм

pak

нічна сорочка

nachthemd

піжама

pyjama

сарі

sari

головна хустка

hoofddoek

чалма

tulband

бурка

boerka

кафтан

kaftan

абая

abaya

купальник

badpak

плавки

zwembroek

шорти

short

тренувальний костюм

trainingspak

фартух

schort

рукавички

handschoenen

гудзик

knoop

окуляри

bril

браслет

armband

ланцюг

ketting

кільце

ring

сережка

oorbel

шапка

pet

плічка

kapstok

капелюх

hoed

краватка

das

застібка-блискавка

rits

шолом

helm

підтяжки

bretellen

шкільна форма

schooluniform

уніформа

uniform

нагрудник

slabbetje

соска

fopspeen

підгузок

luier

офіс
kantoor

сервер
server

шаф для документів
dossierkast

принтер
printer

монітор
monitor

папір
papier

письмовий стіл
bureau

миша
muis

папка
map

синтезатор
toestenbord

стілець
stoel

кошик для паперу
papiermand

комп'ютер
computer

кавовий кухоль

koffiemok

калькулятор

rekenmachine

інтернет

internet

ноутбук

laptop

лист

brief

повідомлення

bericht

мобільний телефон

gsm

мережа

netwerk

копіювальний пристрій

kopieerapparaat

програмне забезпечення

software

телефон

telefoon

розетка

stopcontact

факс

fax

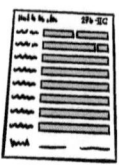

бланк

formulier

документ

document

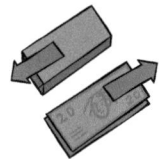

купувати

kopen

платити

betalen

торгувати

handelen

гроші

geld

USD

долар

dollar

EUR

євро

euro

JPY

ієна

yen

RUB

рубль

roebel

CHF

франк

Zwitserse frank

CNY

юанів женьміньбі

Chinese renminbi

INR

рупія

roepie

банкомат

geldautomaat

обмінний пункт

wisselkantoor

золото

goud

срібло

zilver

нафта

olie

енергія

energie

ціна

prijs

контракт

contract

податок

belasting

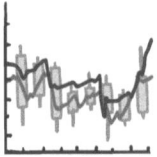

акція

aandeel

працювати

werken

працівник

werknemer

роботодавець

werkgever

фабрика

fabriek

магазин

winkel

професії
beroepen

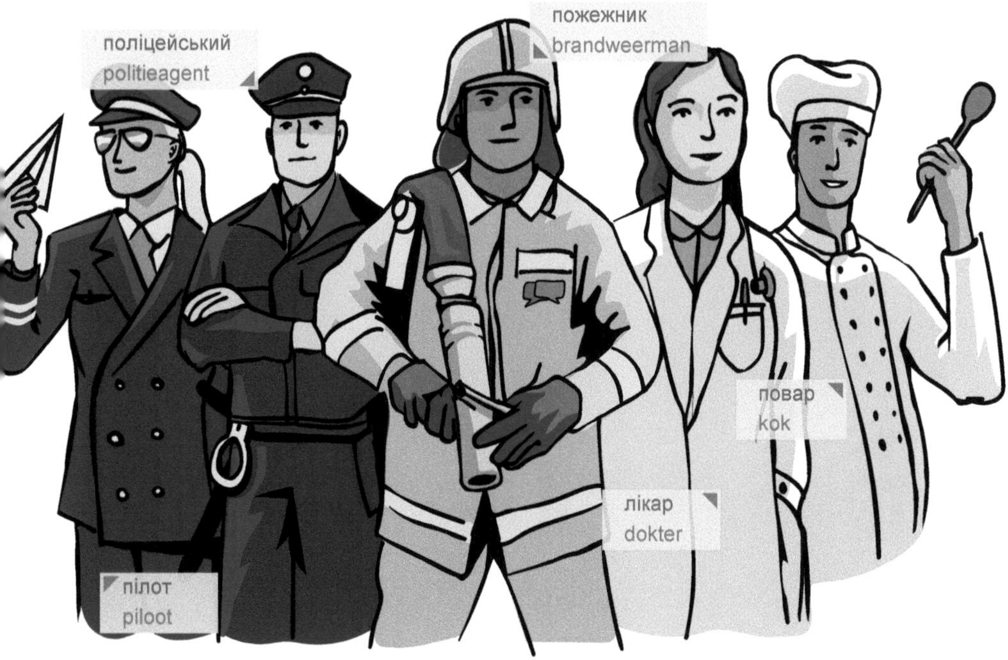

поліцейський
politieagent
пожежник
brandweerman
повар
kok
лікар
dokter
пілот
piloot

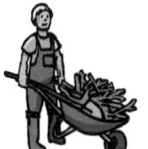

садівник

tuinman

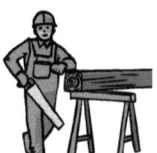

столяр

timmerman

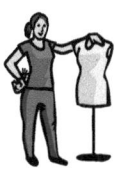

швачка

naaister

суддя

rechter

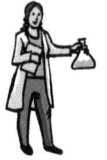

хімік

chemicus

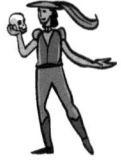

актор

acteur

водій автобуса

buschauffeur

таксист

taxichauffeur

рибалка

visser

прибиральниця

schoonmaakster

покрівельник

dakdekker

офіціант

ober

мисливець

jager

художник

schilder

пекар

bakker

електрик

elektricien

будівельник

bouwvakker

інженер

ingenieur

забійник

slager

бляхар

loodgieter

листоноша

postbode

солдат

soldaat

архітектор

architect

касир

kassier

флорист

bloemist

перукар

kapper

кондуктор

conducteur

механік

mecanicien

капітан

kapitein

дантист

tandarts

вчений

wetenschapper

рабин

rabbijn

імам

imam

монах

monnik

пастор

geestelijke

інструменти
werktuigen

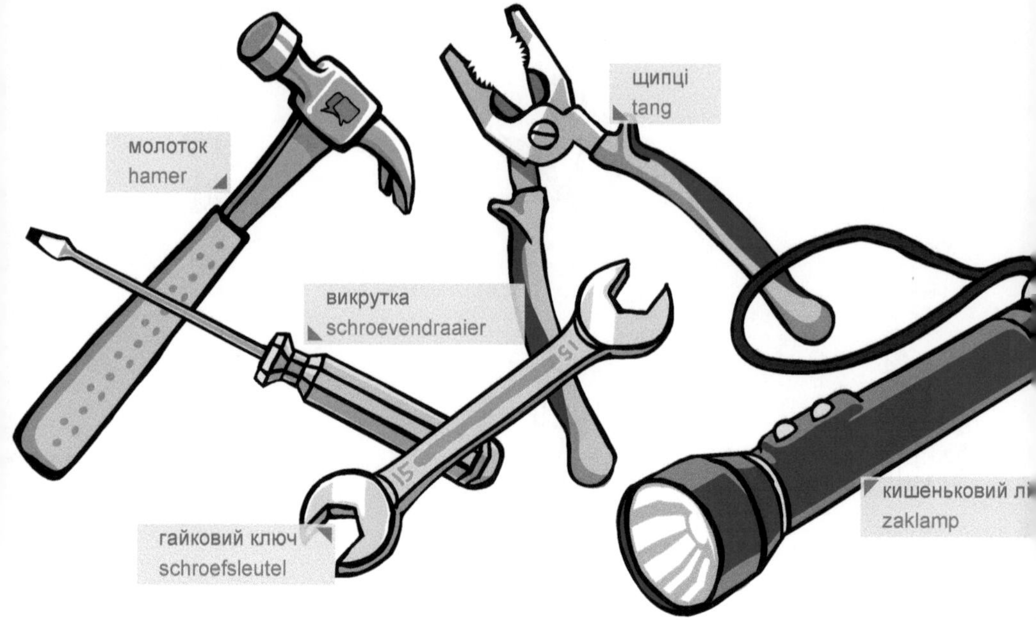
щипці
tang
молоток
hamer
викрутка
schroevendraaier
кишеньковий
zaklamp
гайковий ключ
schroefsleutel

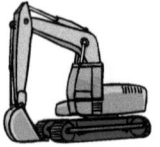

екскаватор

graafmachine

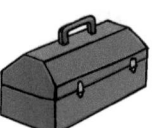

ящик для інструментів

gereedschapskoffer

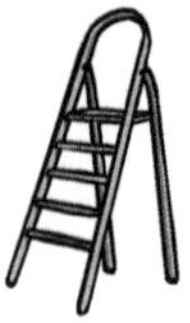

драбина

ladder

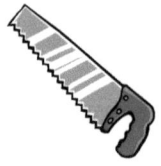

пилка

zaag

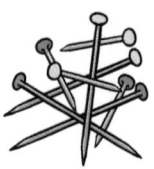

цвяхи

spijkers

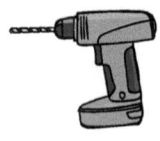

свердло

boormachine

ремонтувати

repareren

лопата

schop

лайно!

Verdomme!

совок

blik

відро з фарбою

verfpot

гвинти

schroeven

музичні інструменти
muziekinstrumenten

динамік
luidspreker

ударна установка
drumstel

гітара
gitaar

контрабас
contrabas

труба
trompet

фортепіано

piano

скрипка

viool

бас

basgitaar

литаври

pauk

барабан

trommels

клавіатура

keyboard

саксофон

saxofoon

флейта

fluit

мікрофон

microfoon

зоопарк

zoo

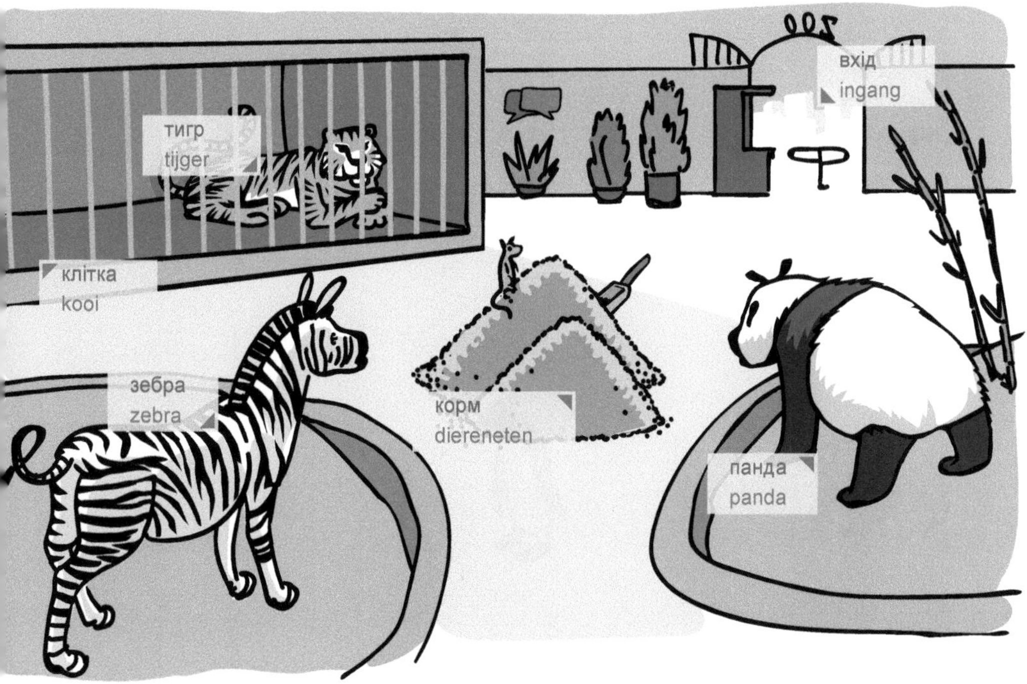

zoo
вхід
ingang
тигр
tijger
клітка
kooi
зебра
zebra
корм
diereneten
панда
panda

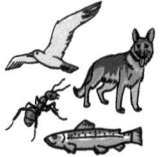

тварини

dieren

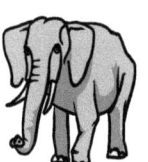

слон

olifant

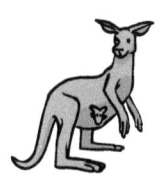

кенгуру

kangoeroe

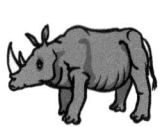

носоріг

neushoorn

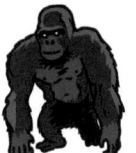

горила

gorilla

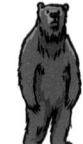

ведмідь

beer

верблюд

kameel

страус

struisvogel

лев

leeuw

мавпа

aap

фламінго

flamingo

папуга

papegaai

білий ведмідь

ijsbeer

пінгвін

pinguïn

акула

haai

павич

pauw

змія

slang

крокодил

krokodil

працівник зоопарку

dierenverzorger

тюлень

zeehond

ягуар

jaguar

поні

pony

леопард

luipaard

гіпопотам

nijlpaard

жираф

giraffe

орел

adelaar

кабан

wild zwijn

риба

vis

черепаха

zeeschildpad

морж

walrus

лисиця

vos

газель

gazelle

американський футбол
rugby

їзда на велосипеді
wielrennen

теніс
tennis

баскетбол
basketbal

плавання
zwemmen

хокей
ijshockey

бокс
boksen

футбол
voetbal

бадмінтон
badminton

легка атлетика
atletiek

гандбол
handbal

лижні перегони
skiën

поло
polo

дії

activiteiten

сміятися
lachen
стрибати
springen
обіймати
knuffelen
йти
wandelen
співати
zingen
мріяти
dromen
молитися
bidden
цілувати
kussen

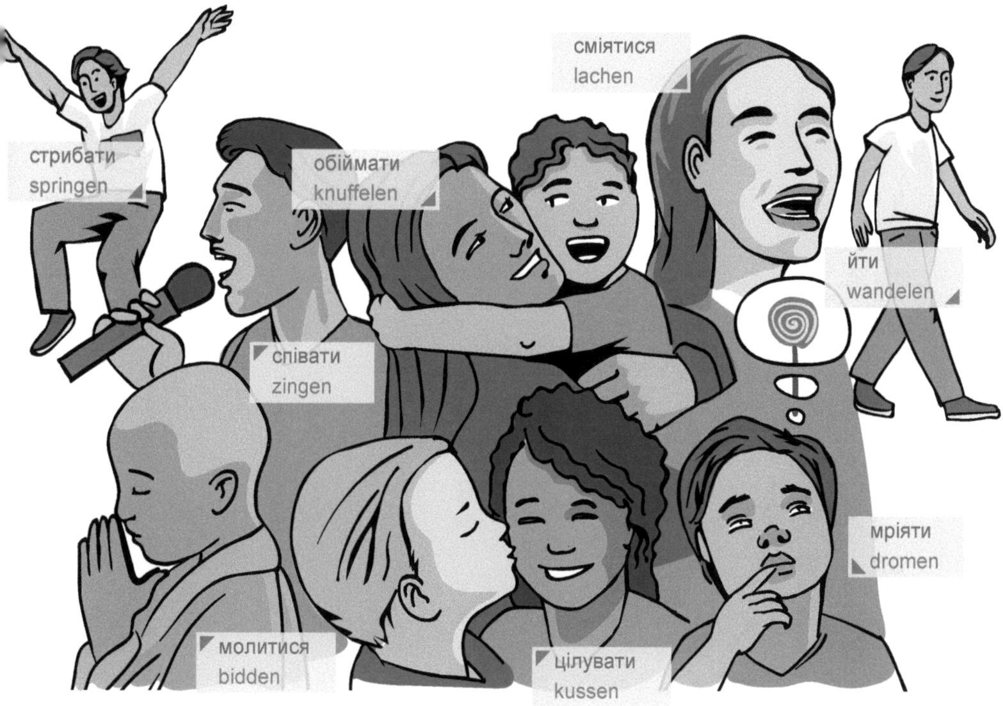

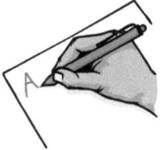

писати
schrijven

малювати
tekenen

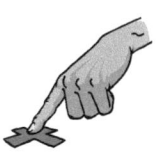

показувати
tonen

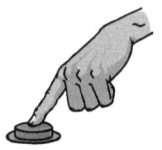

тиснути
duwen

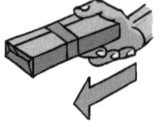

давати
geven

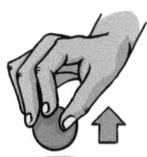

брати
nemen

мати

hebben

робити

doen

бути

zijn

стояти

staan

бігати

lopen

тягнути

trekken

кидати

gooien

падати

vallen

лежати

liggen

очікувати

wachten

носити

dragen

сидіти

zitten

одягати

aankleden

спати

slapen

просипатися

ontwaken

дивитися

kijken naar

плакати

wenen

гладити

aaien

розчісувати

kammen

розмовляти

praten

розуміти

begrijpen

питати

vragen

слухати

luisteren

пити

drinken

їсти

eten

прибирати

opruimen

любити

houden van

варити

koken

їхати

rijden

літати

vliegen

дії - activiteiten

йти під вітрилом

zeilen

рахувати

rekenen

читати

Lezen

вчитися

leren

працювати

werken

одружуватися

trouwen

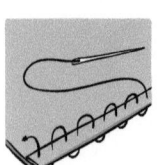

шити

naaien

чистити зуби

tandenpoetsen

убивати

doden

курити

roken

посилати

sturen

бабуся
grootmoeder

дідуся
grootvader

батько
vader

мати
moeder

немовля
baby

донька
dochter

син
zoon

гість

gast

тітка

tante

дядько

oom

брат

broer

сестра

zus

тіло

lichaam

чоло
voorhoofd
око
oog
плече
schouder
палець
vinger
обличчя
gezicht
підборіддя
kin
кисть
hand
нога
been
груди
borst
рука
arm

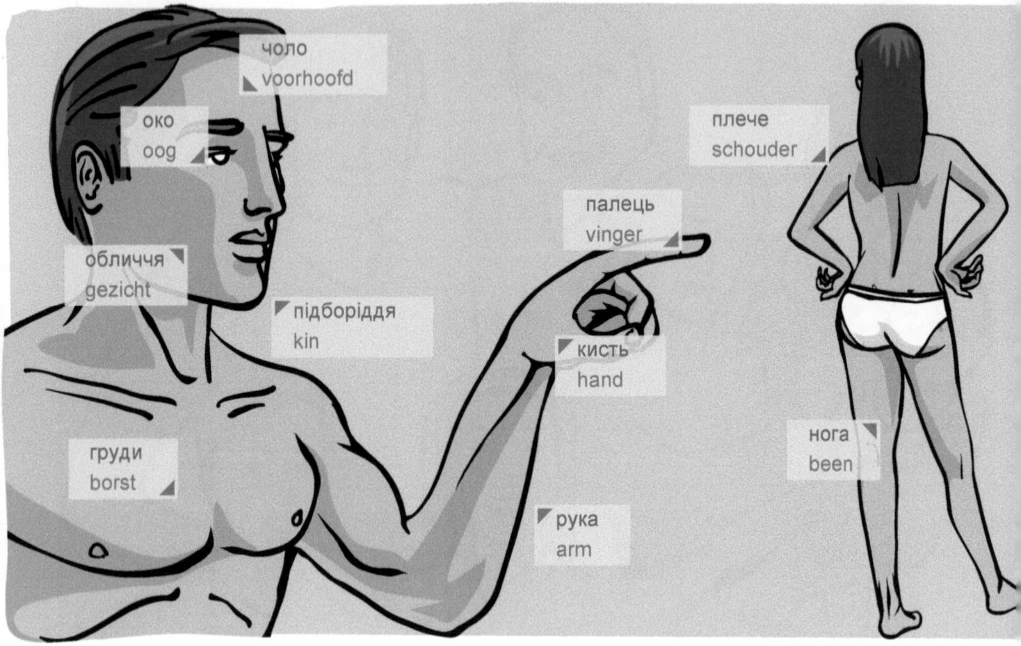

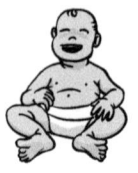

немовля

baby

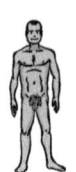

чоловік

man

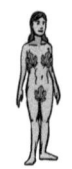

жінка

vrouw

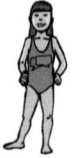

дівчина

meisje

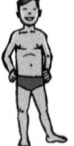

хлопчик

jongen

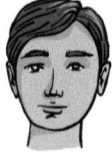

голова

hoofd

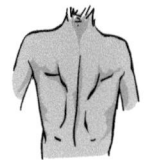

спина

rug

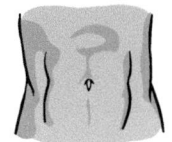

живіт

buik

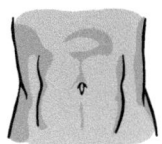

пуп

navel

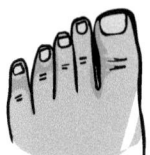

палець ноги

teen

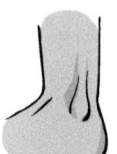

п'ята

hiel

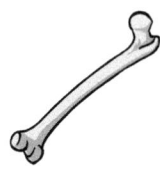

кістка

bot

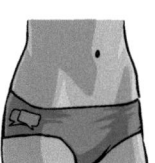

стегно

heup

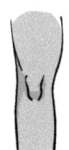

коліно

knie

лікоть

elleboog

ніс

neus

сідниці

zitvlak

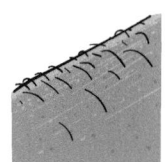

шкіра

huid

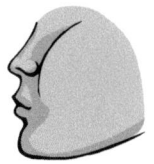

щока

wang

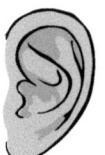

вухо

oor

губа

lip

рот

mond

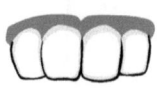

зуб

tand

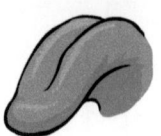

язик

tong

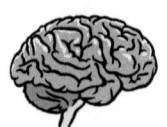

мозок

hersenen

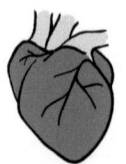

серце

hart

м'яз

spier

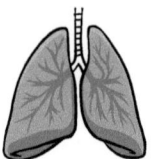

легені

long

печінка

lever

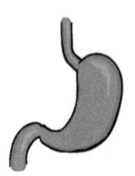

шлунок

maag

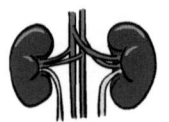

нирки

nieren

статевий акт

seks

презерватив

condoom

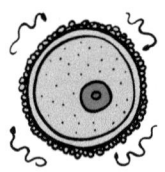

яйцеклітина

eicel

сперма

sperma

вагітність

zwangerschap

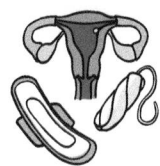

менструація
·············
menstruatie

вагіна
·············
vagina

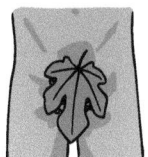

пеніс
·············
penis

брова
·············
wenkbrauw

волосся
·············
haar

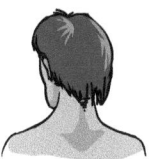

шия
·············
nek

лікарня
ziekenhuis

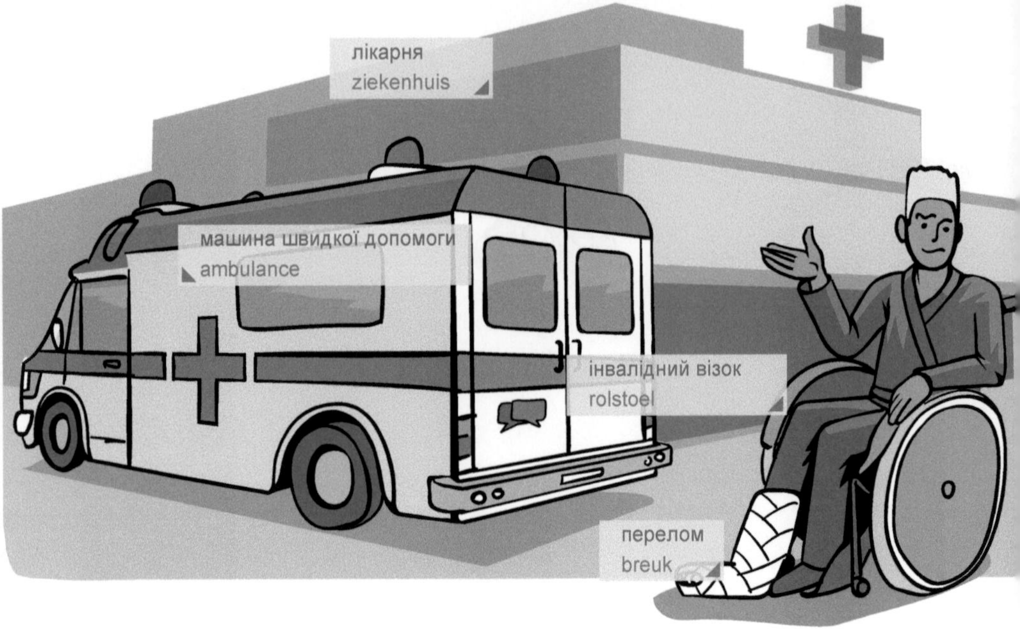

лікарня
ziekenhuis
машина швидкої допомоги
ambulance
інвалідний візок
rolstoel
перелом
breuk

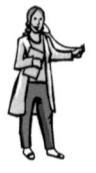

лікар

dokter

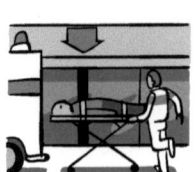

відділення швидкої медичної допомоги

spoed

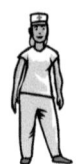

медсестра

verpleegkundige

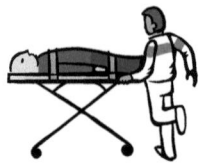

аварійний випадок

noodgeval

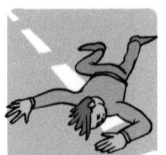

непритомний

bewusteloos

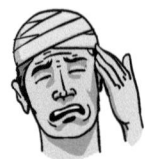

біль

pijn

травма

verwonding

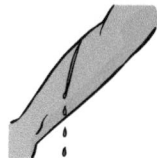

кровотеча

bloeding

інфаркт

hartaanval

інсульт

beroerte

алергія

allergie

кашель

hoest

лихоманка

koorts

грип

griep

пронос

diarree

головна біль

hoofdpijn

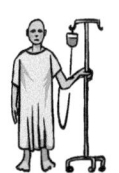

рак

kanker

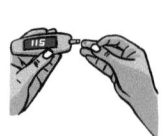

діабет

diabetes

хірург

chirurg

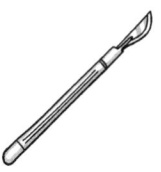

скальпель

scalpel

операція

operatie

КТ

CT

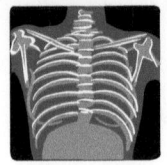

рентген

röntgenstraal

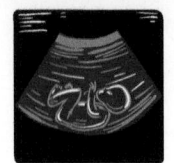

ультразвук

ultrageluid

маска

gezichtsmasker

хвороба

ziekte

зал очікування

wachtkamer

милиця

kruk

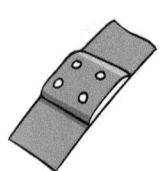

пластир

pleister

пов'язка

verband

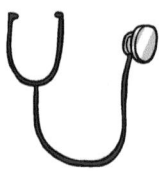

ін'єкція

injectie

стетоскоп

stethoscoop

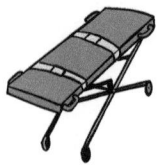

ноші

brancard

термометр

thermometer

народження

geboorte

надмірна вага

overgewicht

слуховий апарат

hoorapparaat

дезінфікуючий засіб

ontsmettingsmiddel

інфекція

infectie

вірус

virus

ВІЛ / СНІД

HIV / AIDS

медицина

medicijn

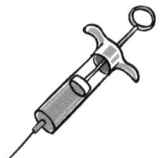

вакцинація

vaccinatie

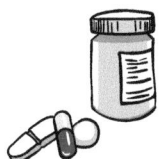

таблетки

tabletten

протизаплідна пігулка

pil

екстрений виклик

noodoproep

тонометр

bloeddrukmeter

хворий / здоровий

ziek / gezond

сигнал тривоги

alarm

напад

overval

Допоможіть!

Help!

атака

aanval

небезпека

gevaar

аварійний вихід

nooduitgang

вогнегасник

brandblusser

аварія

ongeval

Вогонь!

Brand!

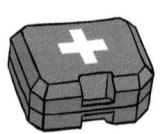

аптечка

EHBO-kit

СОС

SOS

поліція

politie

Європа

Europa

Північна Америка

Noord-Amerika

Південна Америка

Zuid-Amerika

Африка

Afrika

Азія

Azië

Австралія

Australië

Атлантика

Atlantische Oceaan

Тихий океан

Stille Oceaan

Індійський океан

Indische Oceaan

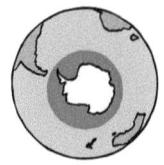

Антарктичний океан

Antarctische Oceaan

Північний Льодовитий
океан

Arctische Oceaan

Північний полюс

Noordpool

Південний полюс

Zuidpool

Антарктика

Antarctica

Земля

aarde

суша

land

море

zee

острів

eiland

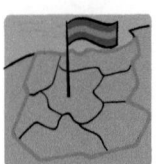

нація

natie

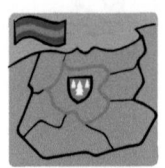

держава

staat

циферблат

wijzerplaat

годинникова стрілка

uurwijzer

хвилинна стрілка

minuutwijzer

секундна стрілка

secondewijzer

Котра година?

Hoe laat is het?

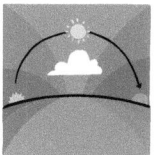

день

dag

час

tijd

зараз

nu

цифровий годинник

digitale horloge

хвилина

minuut

година

uur

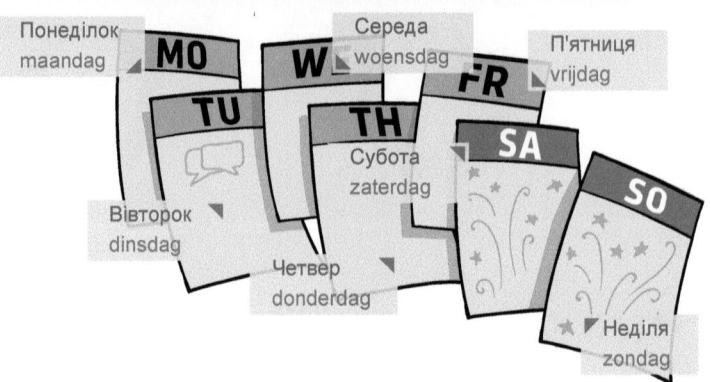

Понеділок
maandag

Середа
woensdag

П'ятниця
vrijdag

Вівторок
dinsdag

Субота
zaterdag

Четвер
donderdag

Неділя
zondag

вчора

gisteren

сьогодні

vandaag

завтра

morgen

ранок

ochtend

опівдні

middag

вечір

avond

робочі дні

werkdagen

кінець робочого тижня

weekend

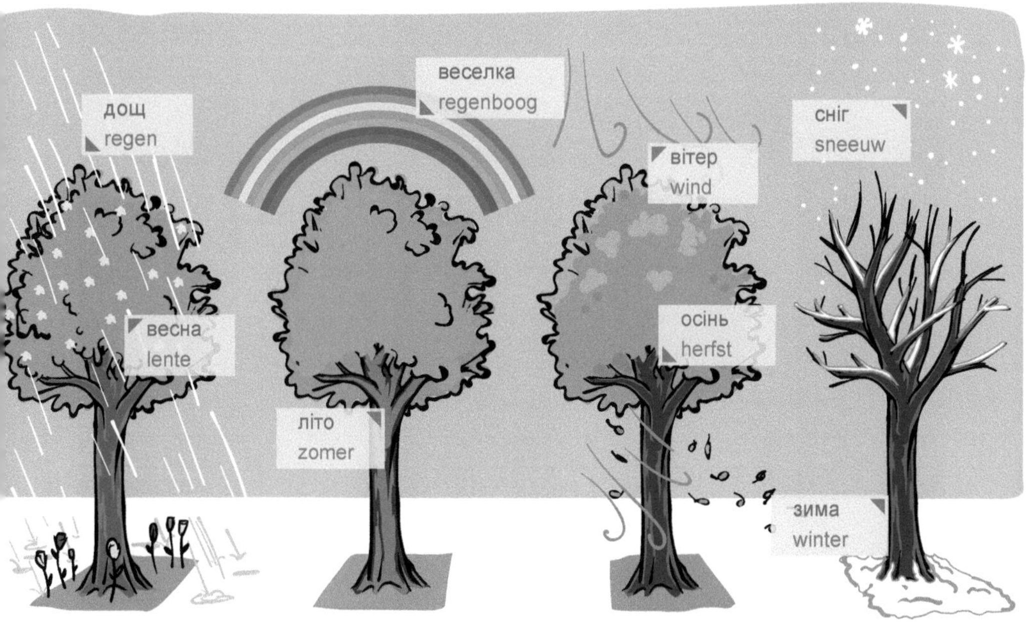

дощ
regen

весна
lente

веселка
regenboog

літо
zomer

вітер
wind

осінь
herfst

зима
winter

сніг
sneeuw

прогноз погоди
....
weervoorspelling

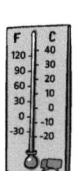

термометр
....
thermometer

сонячне світло
....
zonneschijn

хмара
....
wolk

туман
....
mist

вологість повітря
....
vochtigheid

блискавка

bliksem

грім

donder

шторм

storm

град

hagel

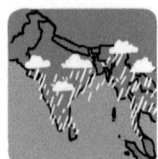

мусон

moesson

повінь

overstroming

лід

ijs

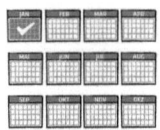

Січень

januari

Лютий

februari

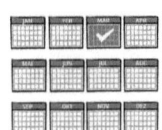

Березень

maart

Квітень

april

Травень

mei

Червень

juni

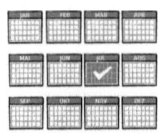

Липень

juli

Серпень

augustus

рік - jaar

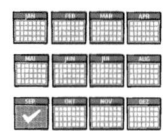

Вересень
....
september

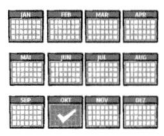

Жовтень
....
oktober

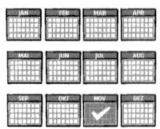

Листопад
....
november

Грудень
....
december

форми
vormen

круг
....
cirkel

квадрат
....
kwadraat

прямокутник
....
rechthoek

трикутник
....
driehoek

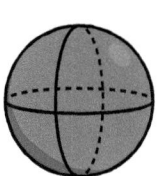

куля
....
bol

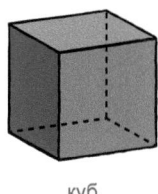

куб
....
kubus

білий

wit

жовтий

geel

помаранчевий

oranje

рожевий

roze

червоний

rood

фіолетовий

paars

синій

blauw

зелений

groen

коричневий

bruin

сірий

grijs

чорний

zwart

багато / мало

veel / weinig

лютий / мирний

boos / kalm

гарний / бридкий

mooi / lelijk

початок / кінець

begin / einde

великий / малий

groot / klein

світлий / темний

licht / donker

брат / сестра

broer / zus

чистий / брудний

proper / vuil

завершений / незавершений

volledig / onvolledig

день / ніч

dag / nacht

мертвий / живий

dood / levend

широкий / вузький

breed / smal

їстівний / неїстівний

eetbaar / oneetbaar

злий / дружній

kwaadaardig / vriendelijk

збуджений / нудьгуючий

opgewonden / verveeld

товстий / тонкий

dik / dun

спочатку / востаннє

eerst / laatst

друг / ворог

vriend / vijand

повний / порожній

vol / leeg

жорсткий / м'який

hard / zacht

важкий / легкий

zwaar / licht

голод / спрага

honger / dorst

хворий / здоровий

ziek / gezond

незаконний / законний

illegaal / legaal

розумний / дурний

intelligent / dom

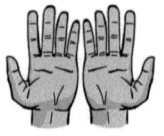

вліво / вправо

links / rechts

поруч / далеко

dichtbij / veraf

новий / використаний

nieuw / gebruikt

нічого / щось

niets / iets

старий / молодий

oud / jong

вкл / викл

aan / uit

відкрито / закрито

open / dicht

тихо / гучно

stil / luid

багатий / бідний

rijk / arm

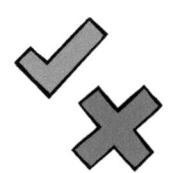

правильно / неправильно

juist / fout

шорсткий / гладкий

ruw / glad

сумний / щасливий

droevig / blij

короткий / довгий

kort / lang

повільно / швидко

traag / snel

вологий / сухий

nat / droog

гарячий / холодний

warm / koud

війна / мир

oorlog / vrede

протилежності - tegengestelden

0

числа

nul

1

один

één

2

два

twee

3

три

drie

4

чотири

vier

5

п'ять

vijf

6

шість

zes

7

сім

zeven

8

вісім

acht

9

дев'ять

negen

10

десять

tien

11

одинадцять

elf

12

дванадцять

twaalf

13

тринадцять

dertien

14

чотирнадцять

veertien

15

п'ятнадцять

vijftien

16

шістнадцять

zestien

17

сімнадцять

zeventien

18

вісімнадцять

achtien

19

дев'ятнадцять

negentien

20

двадцять

twintig

100

сто

honderd

1.000

тисяча

duizend

1.000.000

мільйон

miljoen

англійська

Engels

американська англійська

Amerikaans Engels

китайська високочиновницька

Chinees (Mandarijn)

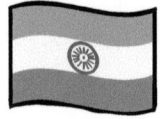

хінді

Hindi

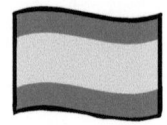

іспанська

Spaans

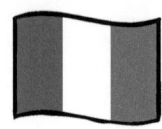

французька

Frans

арабська

Arabisch

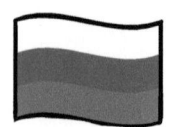

російська

Russisch

португальська

Portugees

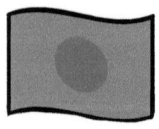

бенгальська

Bengali

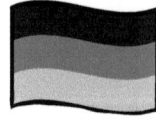

німецька

Duits

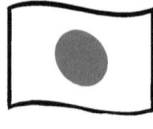

японська

Japans

я
....
ik

ти
....
u

він / вона / воно
....
hij / zij / het

ми
....
wij

ви
....
u

вони
....
ze

хто?
....
wie?

що?
....
wat?

як?
....
hoe?

де?
....
waar?

коли?
....
wanneer?

ім'я
....
naam

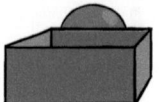

ззаду

achter

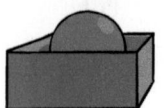

в

in

перед

voor

над

boven

на

op

під

onder

біля

naast

між

tussen

місце

plaats